Andrea Gutwein

Kigatreff
Erlebnisturnen

Bibliografische Informationen der Deutschen Nationalbibliothek:

Die Deutsche Nationalbibliothek verzeichnet diese Publikation in der Deutschen Nationalbibliografie, Detaillierte Informationen sind im Internet über http://d-nb.de abrufbar.

ISBN 9783743187887

Herstellung und Verlag: BoD - Books on Demand, Norderstedt

Texte: Andrea Gutwein

Illustrationen: Andrea Gutwein

© 2017 Andrea Gutwein

Inhalt

Warum "Erlebnisturnen" --7

Gespensterturnstunde--11

Hexenturnstunde ---17

Luftballonturnstunde ---23

Zirkusturnstunde --29

Osterhasenturnstunde--35

Alles mit dem Ball---43

Fußgymnastik im Freien ---49

Hand- und Fußgymnastik --53

Meine Körperteile---61

Zeitungsturnen ---67

Bänderrhythmik --73

Feuerwehrturnstunde ---79

Hühnerturnstunde --85

Turnen mit dem Schwungtuch ------------------------------------93

Herbstturnen mit Blättern ---------------------------------------97
Der Nikolaus kommt ---------------------------------------105
Kissenturnstunde --111
Körpererfahrung Winterspaziergang -------------------------117
Pinguinturnstunde ---127
Schweineturnstunde --135

Warum „Erlebnisturnen"?

Das Hauptanliegen meiner „Übungseinheiten" ist die Bewegung (siehe auch Kigatreff-Mitmachgeschichten).

Bewegung ist ein elementares Grundbedürfnis. Sie gehört zu den ersten Kommunikationsmitteln nach der Geburt (Neugier, mit dem Blick verfolgen, Greifen...)

Ohne Bewegung führt es nicht nur zu körperlichen Fehlentwicklungen sondern auch zur negativen Beeinflussung der Persönlichkeit: Selbstbewusstsein, Wissensdrang, Sprachentwicklung..., da die Bewegung eng mit der Entwicklung des Gehirns zusammenhängt.
So weiß man heute, dass die Stimulation der Hand- und Fußmuskulatur die Entwicklung des Sprechens anregt.
Die Koordination der Bewegungsabläufe spricht beide Gehirnhälften an die wiederum für die Merkfähigkeit,

das Denken in Zusammenhängen und die emotionale Entwicklung wichtig sind.

Computer und Smartphone bieten nur eingeschränkte Bewegungsmöglichkeiten. Nicht umsonst gibt es immer mehr Kinder mit Sprechproblemen sowie zunehmende Lese- und Schreibschwäche. Es fehlt der ausgeglichene Wechsel zwischen Ruhe und Bewegung.
Auch das ADHS-Syndrom ist Ausdruck des Bewegungsmangels und der damit verbundenen Unfähigkeit, in Zusammenhängen zu denken, sich zu konzentrieren oder gefiltert wahrzunehmen.

„Lauf jetzt fünf Runden um den Teich!" - damit locke ich die wenigsten Kinder vom Computer weg.
Spiel ist die Haupttätigkeit der Kinder! Das sollte man nicht vergessen.
Angeleitete Spiele ermöglichen gezielte Bewegungen, Muskelaufbau, Ausdauertraining, Phantasieanregungen, Stärkung des Charakters u.v.m., ohne die Lust am „Sich-Bewegen" zu verlieren.

Deshalb habe ich versucht, Turnangebote als Spiele zu gestalten.
Daraus ist „Erlebnisturnen" geworden.

Viel Spaß am „Sich-Bewegen"!

Gespensterturnstunde

Material:

- 2 Bettlaken
- 2 Stäbe oder Papprollen
- evtl. 2 Kastenteile
- Rahmentrommel
- Musik

1. Geisterstunde

Alle Gespenster schlafen unter dem Laken versteckt. Schlägt die Turmuhr (Rahmentrommel) 12x, kommen alle Gespenster hervor und geistern nach Lust und Laune (freies Bewegen).

1. Schlag der Turmuhr:
   Alle Gespenster dürfen die Hausbewohner durch lautes Stampfen erschrecken.

2. Schlag der Turmuhr:
   Die Gespenster gehen rückwärts.

3. Schlag der Turmuhr:
   Da bald die Sonne aufgeht, müssen sich die Gespenster beeilen. (schnell laufen)

4. Schlag der Turmuhr:
   Die Sonne geht auf und die Gespenster verstecken sich wieder unter die Laken.

2. Gespensterkutsche

Nach dem Aufwachen der Gespenster „reiten" sie durch die Gemächer. (Jeweils 2 Kinder sitzen auf je einem Laken, während die übrigen ziehen. Wechsel beim Verklingen der Musik)

3. Hindernislauf

Aus 1 Laken ein Seil drehen und in verschiedenen Höhen schwingen (evtl. 1 Ende befestigen). Die Gespenster schweben (springen) darüber oder zaubern sich klein (kriechen hindurch).

4. Schnelle Reaktion

Damit die Gespenster zum Geistern fit sein können, müssen sie die Schnelligkeit üben.
Alle Gespenster fassen ein Laken am Rand mit dem Gesicht nach innen zum „magischen Kreis" an. Dieses wird gemeinsam hochgehoben, während der Spielführer 2 Namen nennt. Die aufgerufenen Gespenster müssen schnellstmöglich unter dem erhobenen Laken die Plätze tauschen.

5. Vorsicht Gespenster !

2 Gespenster fangen mit einem Gespensterseil (gedrehtes Laken) Kinder ein. Die „Gefangenen" werden auf dem Dachboden (Kastenteile oder das andere Laken) untergebracht, damit zu Mitternacht die 2 Gespenster in Kinder zurück verwandelt 3werden.
Die letzten 2 freien Kinder sind die neuen Gespenster.

6. Ghostbusters

Die Gespenster halten ihr Schutz-Laken fest (2 Gruppen) und bewegen sich zur Musik. Verklingt die Musik, erscheint der Ghostbuster (Erzieherin oder 2 vorher bestimmte Kinder) und möchte mit dem Staubsauger (Papprolle) die Geister aufsaugen.
Um sich zu retten, müssen sich die Gespenster unter der Schutzdecke (Laken) verstecken und jeden Ritz schließen.
Aufgesaugte Gespenster lösen sich in Luft auf (scheiden aus und können sich vom ganzen Spuk erholen; bei weniger Kinder ein Laken weniger).

7. Abschluss:

Mit dem 12. Schlag der Turmuhr ist der Spük vorbei und alle Kinder sind wieder zurückverwandelt, um gemeinsam ...zu gehen.

Hexenturnstunde

Material:

für jedes Kind ein Kopftuch
Besen/Stock oder längerer Ast
eventuell Masken oder das Gesicht bemalen
eventuell Musik (Die Nacht auf dem kahlen Berg/Mussorgski)
Schminkstifte
rotes Tuch
farbiges, alkoholfreies Getränk für alle

Spielführer = Oberhexe

1. Hexenerwachen

Kinder „schlafen" auf dem Boden und werden von der Oberhexe geweckt.

Heute ist Walpurgisnacht	
und alle Hexen werden wach.	*Gähnen, strecken, dehnen*
Wir fliegen auf dem Besen fort	
zu einem geheimen Zauberort.	*Hui... auf dem Besen umher"fliegen"*
Wir flüstern einen Zauberspruch	*Imaginäres Buch aufschlagen, mit beiden*
aus unserm dicken Hexenbuch.	*Händen zaubern*
Wir schneiden Hexenfratzen	
und fauchen wie die Katzen.	
Wir landen auf dem Hexenplatz	
mit einem riesengroßen Satz.	*Großer Luftsprung*

Wiederholung bis alle Hexen wach sind.

2. Besentanz

Hexen „fliegen" (zur Musik) im Kreis, jeweils eine Hexe fliegt nach Aufforderung (Ende der Musik oder Kopfnicken) quer durch den Kreis und nennt ihren Phantasienamen. (Dies kann ruhig durch eine Tanz- oder Klamaukeinlage begleitet werden.)

3. Zauberstunde

Die Oberhexe ruft:
Hokus pokus bum -
Die/der Hexe(r)... läuft als Bär (Auto...) herum!

4. Feuertanz

In der Mitte liegt ein rotes Tuch (Feuer).
Die Hexen sitzen um das Feuer.
Jeweils eine Hexe oder ein Hexer dürfen durch das Feuer tanzen, bei welchem Kind diese(r) Hexe(r) landet, tanzt als nächstes durch das Feuer.

5. Hexenparty

Nach wilder Musik tanzen alle Hexen um und durch das Feuer.

6. Hexenarten

Wasserhexe:	blau
Feuerhexe:	rot
Blitzhexe:	gelb (Punkt auf die Nase malen)

Zur Musik fliegen die Hexen durch den Raum.
Ruft die Oberhexe: „Wasser!", müssen sich alle Hexen auf den Boden legen, nur die Wasserhexen dürfen weiterfliegen.
Bei „Blitz!" fliegen die Blitzhexen weiter, bei „Feuer!" die Feuerhexen.
Man kann unachtsame Hexen eine Runde im „Feuer schmoren" lassen.

7. Feuerwache

Eine Hexe /ein Hexer schläft „über" dem Feuer.
Die Oberhexe bestimmt eine(n) Hexe(r), über diese(n) Hexe(r) zu fliegen.
Bemerkt die/der Schlafende den Störenfried, muss dieser gefangen werden und die Feuerwache übernehmen.
Wird es nicht bemerkt, darf ein neues Kind gewählt werden.

8. Hexenstarre

Alle Hexen „fliegen" zur Musik durch den Raum.
Die Oberhexe versucht, die anderen Hexen mit dem „Besen" zu berühren., diese müssen dann in der Bewegung verharren.
Sieger ist die/der letzte Hexe(r), welche(r) dann die Rolle der Oberhexe übernehmen kann.

9. Abschluss

Alle Hexen sind erschöpft und trinken einen Kräftigungstrank (roter Tee), um wieder nach Hause fliegen zu können/ oder legen sich wieder schlafen.

Luftballonturnen

Material:

für jedes Kind einen aufgeblasenen Luftballonturnen
wasserfeste Filzstifte
mehrere Seile oder ein Tau
Langbank o.ä.
Musik

1. Gespräch im Kreis:

Schneidersitz, jedes Kind 1 Luftballonturnen

Was ist ein Luftballon?
Woraus besteht er?
Welches Gewicht?

Welche Eigenschaften hat er?
Wie fühlt er sich an?
Wie muss man damit umgehen?

2. Verschiedene Übungen ausprobieren

(dazu die Ideen der Kinder aufgreifen)
- Windmühle
- hochwerfen unfd fangen
- durch die Beine reichen
- auf der Handfläche balancieren
- durch den Ballon einem anderen Kind etwas zuflüstern...

3. Fahne (mit Musik)

Luftballon am Knoten fassen und frei im Raum laufen,
- ohne andere zu berühren
- andere berühren (am Po, am Arm, am Fuß – Vorsicht!...)

4. Luftballondauerflug (mit Musik)

Jedes Kind muss seinen Luftballon nach oben stupsen (Richtung Decke), der Ballon darf nicht zu Boden fallen.

- mit der Hand
- mit dem Ellenbogen
- mit der Nase
- mit dem Knie ...

Mit dem Ausschalten der Musik darf der Luftballon festgehalten werden.

5. Luftballontransport

Jedes Kind muss versuchen, seinen Luftballon von der einen Seite des Raumes auf die andere Seite zu bringen:

- ohne ihn zu berühren (pusten)
- balancieren auf der Handfläche, ohne dass er zu Boden fällt
- mit dem Fuß (evtl. Hindernis einbauen, z.B. die Langbank)

6. Luftballontanz (mit Musik)

Die Kinder bilden Tanzpaare. Der Luftballon darf nicht den Boden berühren.
Er wird gehalten:

- zwischen den Bäuchen
- zwischen den Köpfen
- zwischen den Rücken

7. Wolkenspiele (mit Musik)

Den Raum mit Kreide oder Seilen mit 2 Kreisen markieren, in welchen sich je 2 Mannschaften befinden.
Damit es nicht regnet, müssen die Mannschaften die „Wolken" am Himmel halten.
(Erst wird je ein Luftballon in die Gruppen gestupst, dann kann man die Anzahl erhöhen.)
Sieger ist die Mannschaft, welche die „Wolken" am längsten in der Luft hält.

8. Wettspiel

2 zahlenmäßig gleiche Reihen bilden; die Kinder stehen hintereinander.
Jeweils 1 Luftballon wird ab Kommando weitergereicht, wobei sich das letzte Kind mit dem Luftballon wieder vorn anstellt und mit der Weitergabe fortsetzt.

- durch die Beine
- über den Kopf
- mit beiden Händen jeweils dem „Nehmer" zugewandt

Welche Mannschaft gewinnt?

9. Abschluss

Die Luftballons mit einem Gesicht bemalen. Die Kinder dürfen ihren Luftballon mit nach Hause nehmen.

Zirkusturnstunde „Malibu"

Material:

- pro Kind ein Reifen
- eine Bank
- ein Tau (durch den Raum gelegt)
- Musik

1. Artistensuche

Ein Kind (Spielleiter) ist der Zirkusdirektor und ruft: „Ich bin der Direktor von Zirkus Malibu und suche viele Artisten!"

Alle Kinder antworten: „Wer soll es denn sein?"

Zirkusdirektor: „Wer am höchsten springen kann!" (brüllen, kriechen, schleichen, auf einem Bein hüpfen, den Mund verziehen, stampfen, auf dem Po rutschen, rückwärts gehen, auf einem Bein stehen...)

Das ausgewählte Kind ist der neue Zirkusdirektor.

2. Begrüßung auf Zirkusart

Zur Musik „marschieren" die Artisten in die Manege ein. (Gehen frei im Raum)
Wenn die Musik stoppt, begrüßen sich die Artisten, die am nächsten beeinanderstehen durch:

Fuß zusammentippen
- Handflächen aneinanderklatschen
- Nasen reiben
- Po aneinanderstubsen
- Bauch reiben
- Arme einhaken, im Kreis hüpfen

3. Chinesische Riesenteller

Jedes Kind bekommt einen chinesischen Riesenteller (Reifen) und rollt ihn durch den Raum (Manege). Dabei muss darauf geachtet werden, dass der „Teller" nicht umkippt, sonst geht das wertvolle Porzellan kaputt.

Variante:

- im Kreis rollen
- rückwärts gehen
- um den „stehenden Teller" gehen (den Reifen mit einer Hand festhalten)
- vorsichtig wegrollen und nachlaufen

4. Riesenschlange Sansibar

Die Kinder stellen sich hintereinander auf, jeder legt seinen Reifen um den Vordermann und hält den Reifen fest.

Jetzt zeigt die Riesenschlange ihre Kunststücke:

- durch den Raum schlängeln und dabei zischen
- rückwärts schlängeln
- über die Bank steigen
- auf dem Tau balancieren
- auf einem Bein hüpfen
- in die Hocke gehen und vorwärts (rückwärts) bewegen
- auf der Bank balancieren

Nach dieser gefährlichen Schlangennummer wird es im Zirkuszelt geheimnisvoll.

5. Zauberer Abraxas

Der Zauberer Abraxas (ein Kind, Spielleiter) steht in der Manege und ruft seinen Zauberspruch:

„Malibu. Maliballe,
kleine Frösche seid ihr alle!"

(Tiger, Elefanten, Affen, Autos, Flugzeuge, Bären, Spinnen, Robben...)

6. Kraftakrobaten

Die Akrobaten stehen sich am Tau gegenüber und halten über dem Tau gemeinsam einen Reifen (fassen sich an den Handgelenken).
Sie versuchen, auf Kommando sich gegenseitig über das Tau zu ziehen.
Variante: im Sitzen, Rücken an Rücken schieben...

7. Die Löwen sind los!

(zwei Reifen weniger auslegen, als es Kinder sind)

Alle Kinder sind Löwen. Ein Domteur wurde vorher bestimmt. Die Löwen sind aus ihren Käfigen (Reifen) ausgebrochen und laufen überall im Zirkus herum.
Der Löwendompteur muss die Löwen wieder einfangen und in die Käfige bringen. Sieger ist der Löwe, der übrig ist. Dieser darf der neue Dompteur sein.

Variante: Der übrige Löwe darf sich an die Seite setzen und zuschauen (Er ist ja jetzt frei!) In diesem Fall muss jeweils ein „Käfig" entfernt werden.

8. Finale

Musikalische Verabschiedung der Artisten nach Zirkusart (siehe Begrüßung).

Osterhasenturnstunde

Material:

- so viele Reifen wie Kinder im Raum verteilt
- Rahmentrommel
- Bank oder Seil
- evtl. bunte Eier vorher verstecken

Verlauf:

Spielleiter erzählt:

Bald ist Ostern! Ich bin neugierig, ob der Osterhase genügend Eier für unsere Nester hat.
Heute werden wir den Osterhasen einfach mal besuchen. Weil die Osterhasen so weit weg wohnen, müssen wir mit dem Zug fahren.

Dafür muss sich jeder ein Zugabteil suchen.
Wenn ich aufhöre, mit der Rahmentrommel zu schlagen, darf sich jeder in einen Reifen setzen, und ich hole euch zur Zugfahrt ab. *(Die Kinder bewegen sich zur Rahmentrommel. Wenn jedes Kind in einem Reifen sitzt, auf die Uhr schauen.)*

Oh, es ist schon spät! Alles einsteigen! Ihr müsst die einzelnen Waggons aneinander koppeln. *(Kinder halten sich am Reifen des Vordermannes fest, Spielleiter ist der Zugführer.)*
Der Osterhasenexpress fährt ab. *(Wir rutschen auf dem Po vorwärts, ahmen Zuggeräusche nach.)*
Wenn wir aufstehen, kann der Osterhasenexpress schneller fahren.

Wir fahren eine große, rechte Kurve.
Jetzt kommt eine linke Kurve.
Und da kommen viele kleine Kurven.

Nun geht es einen hohen Berg hinauf *(langsam, schnaufen)*... und wieder hinunter. Geht das schnell!

Halt, wir sind am Bahnhof vorbei gefahren! Wir müssen wieder zurück. *(rückwärts gehen)*
Stopp. Alles aussteigen! *(Kinder steigen aus den Reifen und*

bringen diese zur Seite.)

Leider müssen wir zum Osterhasendorf noch eine ganz schön weite Strecke zu Fuß gehen. Zuerst müssen wir durch den Sumpf waten. *(stapfen)*

Da ist ein Fluss! Am besten ist es, wenn wir über die Brücke *(Bank oder Seil)* gehen. Passt aber auf, dass ihr nicht ins Wasser fallt! *(balancieren)*

Nun müssen wir noch den Berg überwinden. Dazu müssen wir 6x ganz hoch klettern. *(linker Arm und rechtes Bein hoch, dann wechseln, 6x jede Seite)*

So, jetzt sind wir oben. Hinunter geht es schneller. Da rutschen wir ganz einfach. *(Arme hochstrecken und ganz schnell in die Hocke gehen, kann auch mehrmals sein)*

Da ist ja noch ein Berg! *(wie oben, bei den Bewegungen laut mitzählen)*
(Nach Belieben kann man mehrere Berge besteigen.)

Ich sehe schon den Oberosterhasen Meister Lampe. Er begrüßt uns auf Hasenart. *(3 Sprünge hoch in die Luft)*

„Hallo Osterhase, hast du genug Eier gelegt?"
„Hahaha! Wir legen doch keine Eier. Wir holen sie von den Hühnern ab. Kommt ihr mit?"

Ihr müsste aber schnell hüpfen, damit uns der Fuchs nicht entdeckt. *(Schlusssprünge)*
Wenn wir noch die berühmten Haken schlagen, kann er uns erst recht nicht finden! *(im Zickzack springen)*

Die Hühner haben die Eier schon bereit gelegt. Sucht die schneeweißen heraus, denn die kann man am besten bemalen. Legt sie vorsichtig in den Schubkarren, damit sie nicht zerbrechen. (*Bewegungen pantomimisch darstellen*)

Nun fahren wir die Schubkarren ins Osterhasendorf zurück, aber im Zickzack. Ihr wisst schon – der Fuchs! *(ein Kind ist die Schubkarre, Armstütz, das andere hält die möglichst gestreckten Beine, das andere schiebt)*

Die Eier reichen noch nicht. Also müssen wir noch einmal los. *(wie oben, bei der Schubkarre wird getauscht)*

Ich glaube, jetzt reichen die Eier. Ihr könnt mir jetzt beim Far-

beanrühren helfen. Kommt mit ins Farbenlager.

Hier stehen schon die Farbtöpfe. Nehmt den Rührlöffel in beide Hände und stellt euch in Grätsche, damit ihr an die Farbe rankommt und euch nicht schmutzig macht.

Nun rührt kräftig. *(beide Fäuste übereinander, die Arme beschreiben vor dem Körper große Kreise)* Sechsmal in jede Richtung, damit die Farbe nicht klumpt! *(mitzählen)*

Der nächste Topf ist noch breiter. Also müssen wir die Beine noch weiter grätschen und uns weit nach vorn beugen.

„Danke, dass ihr mir geholfen habt. Aber bemalen möchte ich die Eier selbst, das ist großes Osterhasengeheimnis."
Meister Lampe verabschiedet sich mit dem Hasengruß *(3x hochhüpfen)* und schon hören wir fröhliche Geräusche *(lauschen)*.
Wo kommen die denn her? *(durch den Raum schleichen)* Ah, die Hasenschule!

Meister Langohr singt gerade mit seinen Schülern ein Osterlied. Wir singen ihnen nun unser Lied vor. *(Oster- oder Frühlingslied)*

Im Sportunterricht wird im Moment das Hüpfen geübt. Dazu müssen wir uns hinhocken und die Hände vor uns aufstützen. Mit beiden Händen gehen wir etwas nach vorn, und mit beiden Füßen hüpfen wir nach. *(Stützsprünge 6x vor, 6x zurück)*

Das war nicht schlecht. Nun kommt die einfachere Übung: Ohrenwackeln.
Wer keine langen Hasenohren hat, nimmt seine Hände zu Hilfe.
Wir legen die Hände links und rechts an den Kopf, die Handflächen zeigen nach vorn, die Finger nach oben.

Nun klappen wir mal das linke, mal das rechte Ohr nach vorn *(im Wechsel Finger nach vorn knicken, 6x, mitzählen)*
Jetzt drehen wir die Ohren nach links und nach rechts *(6x)*.
Nach dieser Übung schütteln wir unsere „Ohren" aus. *(Vielleicht kann ein Kind wirklich mit den Ohren wackeln?)*

Da klingelt schon die Schulglocke. Auch Meister Langohr verabschiedet sich von uns auf Hasenart *(wie oben)*.

Bevor wir wieder nach Hause fahren, ruhen wir uns erst einmal aus, kuscheln uns ganz dicht aneinander und schlafen tief

und fest. Wir träumen von bunten Ostereiern.

Drrr... Wo bin ich?!
Hattet ihr auch so einen schönen Traum vom Osterhasendorf?

Nach Belieben: Oh (*Spielleiter entdeckt ein Ei*), kein Wunder, der Osterhase war ja da! *(Eier suchen)*

Alles mit dem Ball

Material:

- für jedes Kind einen Gymnastikball
- Rahmentrommel
- Seil, Bank oder Balken
- Kastenteil oder Pappschachtel
- evtl. Musik

1. Hindernislauf

Kinder laufen im Kreis, der Spielleiter rollt so viele Bälle wie Kinder in den Raum. Diese dürfen beim Laufen, Hüpfen und Gehen nicht berührt werden.

2. Mein Ball

Jedes Kind sucht sich einen Ball. Nachdem die Gefahren erklärt wurden, darf sich jedes Kind eine sportliche Übung mit dem Ball ausdenken und experimentieren (Rücksichtnahme beachten!).
Verschiedene Übungen werden demonstriert und mit allen Kindern ausprobiert.

3. Wurftechniken

Die Kinder werfen auf Trommelschlag ihren Ball von der einen Seite auf die andere und sammeln ihn wieder ein.
Dabei werden verschiedene Wurftechniken ausprobiert:

- Einhändig,
- beidhändig – von oben, von unten,
- Schockwurf (Ball vor die Brust, Handrücken zeigen zur Brust, Daumen nach unten, Ball nach vorn „schocken"), mit Aufprall...

4. Zielwerfen

- Über den Balken (Bank),
- durch den Reifen,
- auf einen bestimmten Punkt,
- in das Kastenteil (Karton)...

5. Prellen

Der Ball wird wieder in verschiedenen Wurftechniken (s.o.) an eine Wand geprellt. Dabei muss versucht werden, ihn wieder zu fangen.

6. Hochwerfen und Fangen

Von unten nach oben, erst Brusthöhe, Augenhöhe und evtl. weiter steigern, Augenkontakt nicht verlieren!
Fangen im Zangengriff (mit beiden Händen wie eine Zange zuschnappen).

8. Partnerübungen

Paare sitzen im Strecksitz gegenüber:

- Ball zurollen, Abstände allmählich vergrößern,
- mit einem Fuß stoßen,
- mit beiden Füßen stoßen,

Grundstellung: Zuwerfen und fangen

Entspannung mit angeleiteter Ballmassage (entweder Geschichte aus Mitmachgeschichten oder mit ruhiger Musik)

9. Kreis- „Ball" (Einsatz von mehreren Bällen möglich)

Die Kinder sitzen mit genügend Abstand im Kreis. Zum Nachbarn wird der Ball:

- mit dem Fuß gerollt,
- mit den Händen gerollt,
- zugeworfen,

- mit einem Aufprall...

Nachdem der Kreis verengt wurde, kann der Ball:

- hinter dem Rücken,
- über die Köpfe,
- durch die angewinkelten Knie,
- über die Arme rollend...

weiter gegeben werden.

10. Bälle einsammeln

Der Spielleiter spielt gegen alle Kinder.
Die Bälle befinden sich in einem Behälter (Kasten, Karton) in der Mitte des Raumes.
Nach „Auf die Plätze, fertig los!" muss der Spielleiter alle Bälle aus dem Behälter werfen. Die Kinder müssen sie alle schnellstmöglichst zurück in den Behälter bringen.
Der Spielleiter ist Sieger, wenn der Behälter leer ist, die Kinder sind Sieger, wenn es ihr Kontrahent nicht schafft.

Die Rolle des Spielleiters kann auch von einem (oder 2) Kind(er) übernommen werden.

Fußgymnastik im Freien

Material:

- Möglichkeiten verschiedener Bodenbeschaffenheiten (Gras, Sand, Kies, Rindenmulch...)
- evtl. 2 Behälter mit Wasser unterschiedlicher Temperaturen
- Rahmentrommel oder Klanghölzer...

1. Graskontakt

Kinder gehen barfuß im Gras und fühlen das kühle Kitzeln.

Auf Signal versuchen sie, mit den Zehen Gras abzureißen.

Gehen variieren *(auf den Fersen, auf den Zehen, stampfen, schleifender Gang...)*.

2. Massageparkour

Die Kinder gehen bewusst auf den verschiedenen Untergründen und ertasten mit den Füßen die Beschaffenheit.

Danach: Erfahrungsaustausch

3. Mit den Füßen greifen

Nun wird versucht, mit den Füßen verschiedenes Material zu greifen und es zu einem Sammelplatz zu transportieren.

Die Füße sind jetzt mobilisiert und können auch zählen. Dies eignet sich besonders auf dem Kies, wo jedes Kind nach Vorgabe jeweils eine bestimmte Anzahl von Steinen mit den Füßen sammelt.

4. Mit den Füßen werfen

Hierbei darf einzeln mit den Füßen der Sand „gegriffen" und weggeschleudert werden. Die erreichte Weite (immer der Weiteste) wird markiert.

Nach dem „Wurf" erleben die Füße wieder eine Massage auf dem Parkour, bis sie wieder an der Reihe sind.

5. „Bodenturnen"

Die Kinder sitzen im Kreis einander zugewandt.

- Zehen kreisen
- Zehen strecken
- Zehen einkrallen
- Füße kreisen
- mit den Füßen einen Kreis in die Luft malen (Acht, Herz, Mond...)
- mit den Zehen winken

- Füße lockern
- mit dem Partner Füße aneinanderdrücken (Rückenlage) und Radfahren
- dem Partner die Füße massieren (nach Anleitung)
- Wechsel
- Füße im Wechsel auf dem Gras abtreten

6. Abschluss: Keiner lacht!!

Die Kinder suchen sich einen Platz, wo sie sich hinlegen möchten (auf den Rücken). Die Beine werden angewinkelt.
Der Spielleiter kitzelt die Füße (auch gut mit einem Grashalm). Wer dabei lacht, muss die Füße abstellen.

Wer will, darf seine Füße nochmals „massieren" (Parkour) oder gegenseitiges Massieren mit Öl, dabei evtl. Fußteile benennen.

Hand- und Fußgymnastik

Material:

- Seile
- Laken
- Bänder, Tücher, Stäbe, Sandsäckchen, Kugeln (oder Naturmaterial)
- Massage- oder Olivenöl

1. Einleitung:

Kinder sitzen im Kreis am Boden.

Wir dürfen lärmen!
 <u>Mit den Händen:</u>
- alles, was uns einfällt
- gleichmäßiges Klatschen auf den Boden
- im Wechsel: auf den Boden und in die Hände klatschen
- Grätschsitz: im Wechsel innerhalb und außerhalb der Beine klatschen
- mit den Fäusten
- mit den Fingerknöcheln

Mit den Füßen:
- alles, was uns einfällt
- mit den Fersen rumpeln
- mit den Zehen platschen
- Fußsohle abstreifen

2. Unsere Hände können sprechen

Fäuste bilden – Gymnastik:
- öffnen
- schließen
- flexen
- kreisen
- strecken
- einzelne Finger dehnen

Jedes Kind sucht sich einen Partner.
Unsere Hände begrüßen sich.
Wir haben uns gerne.
Unsere Hände sind ärgerlich, wütend.
Sie wollen nichts mehr miteinander zu tun haben.
Die Hände vom Partner sind traurig, sie müssen deshalb ge-

tröstet werden (im Wechsel).
Die Hände haben Angst und halten sich gegenseitig fest.
Sie bekommen etwas geschenkt (öffnen sich).
Sie bedanken sich.

<u>Fingerspiel:</u>
Die Finger bewegen sich. *(in der Luft zappeln)*
Finger, die kriegen sich. *(mit dem Partner die Finger verschränken)*

Die Finger verstecken sich. *(hinter dem Rücken)*
Die Finger sind ganz still. *(flüstern)*
Aufgepasst! *(laut)*
Die Finger sind nun froh und munter, *(zappeln)*
krabbeln flink den Kopf hinunter! *(beim Partner durch die Haare, dann abwärts)*

3. Fußaktionen

<u>Was können die Füße?</u>
- Greifen: Sandsäckchen, Bänder, Naturmaterial... holen
- Kreisen (im Stand)
- Malen (im Stand)
- Zeichnen (im Liegen) Sonne, Haus, Schnecke, Baum,

Gesicht...

4. Figuren raten

Spielleiter legt aus Seilen Figuren (siehe oben). Die Kinder müssen mit geschlossenen Augen darübergehen und erraten, was dargestellt wurde.
Danach kann man dies als Partnerübung durchführen.

5. Fiktiver Schuhlauf

(frei im Raum, während dieser Zeit versteckt der Spielleiter in der Mitte unter dem Laken verschiedenes Material: Stäbe, Bänder, Kugeln...)

Stöckelschuhe: Trippeln auf den Zehen
Hausschuhe: Schlurfen, ohne die Füße zu heben
Stiefel: Stapfen, Beine heben, Zehen halten Stiefel fest
Turnschuhe: Joggen, leicht federnd

6. Schatzsuche

Was können meine Füße finden? (Eventuell die Augen verbinden)
Die Kinder ertasten unter dem Laken die einzelnen Gegenstände.

7. Transportunternehmen

Mit den Füßen werden die „Schätze" wieder an den Rand gebracht.
Das geht auch als Wettspiel mit 2 Mannschaften. Wer sich die meisten „Schätze" gesichert hat, ist Sieger.

8. Fußmassage

(Partnerübung)

Alle Teile der Füße werden einzeln ertastet und benannt.
Der Partner massiert mit Öl die Füße seines Freundes, um sie nach der Gymnastik zu entspannen.

9. Abschluss

(Strecksitz)

Linkes Bein,	(Bein heben)
rechtes Bein,	(Bein heben)
mach dich klein.	(Beine an den Körper ziehen, umfassen, Kopf einziehen)
Schaukel hin,	(in dieser Stellung nach links und rechts schaukeln)
schaukel her,	
roll zurück -	(nach hinten abrollen)
das ist nicht schwer!	(wieder nach vorn schwingen)

Bei Bedarf wiederholen.

Zum Schluss darf jedes Kind in „gekauften" Schuhen (Stöckel-, Turn-, Halbschuhe etc.) den Raum verlassen.

Meine Körperteile

Material:

- Musik
- Decke oder Matte

1. Einleitung:

Kennt ihr schon die Körperteile?

Zur Musik im Raum gehen, laufen, kriechen, hüpfen, stampfen... und auf Zuruf die bestimmten Körperteile berühren (Arm, Ellenbogen, Bein, Fuß, Zehen, Ohren, Nase, Po, Bauch...)

Schneidersitz am Ende der Musik, Körperteile wiederholen

2. Verknotet

Zur Musik im Raum bewegen, am Ende der Musik auf Zuruf nur mit den aufgerufenen Körperteilen den Boden berrühren: Ellenbogen und Fuß, Kopf und Knie, Nase und Unterschenkel usw.)

3. Bodenberührungen

Welche Fortbewegungsarten gibt es, wenn immer die Füße (die Zeigefinger, die Hände, die Ellenbogen etc) den Boden berrühren müssen?

Rückenlage, Bauchlage…

Zur Musik ausprobieren und Vorschläge einbeziehen.

4. Karussell

Mit welchen Körperteilen kann man Karussell fahren? (auch als Partnerübung geeignet)

Bauch, Po, Füße... ausprobieren

5. Waschanlage

Kinder bilden kniend eine Gasse.

Jeweils ein Kind darf als „Fahrzeug" durch diese Waschanlage fahren (im Vierfüßlergang oder robben, je nach Wunsch), während die anderen Kinder es blitzeblank „waschen".
Möglichkeiten: Rubbeln, mit den Fingerspitzen Wassertropfen nachahmen, strichen, kitzeln, klopfen – es darf nicht weh tun, sonst gibt es Lackschäden!

6. Brückenumwerfen

Alle Kinder verharren fest in der Bankstellung als „Brücken" und ein oder zwei Kinder versuchen, diese Brücken umzuwerfen.

Wer kann die meisten Brücken umwerfen?

7. Verklebt

Zur Musik bewegen sich die Kinder zu Paaren in verschiedenen Fortbewegungsarten und „kleben" auf Zuruf die genannten Körperteile zusammen.

8. Abschluss: Baumstämme

Wir wollen unseren Körper ausruhen lassen und ihn bewusst fühlen.

Dafür verwandeln sich die Kinder in „Baumstämme" und legen sich auf den Boden (warm, evtl. Matte oder Decke) und

Erlebnisturnen

„machen sich ganz steif (Anspannung).
Sie atmen dabei durch die Nase ein und durch den Mund wieder aus.
Nach ca. 10 Sekunden fällt der Regen und weicht die Baumstämme auf (locker lassen).

Die Kinder fühlen den Körperteilen nach. (Temperatur, Unterlage, Hände, Finger etc.) Wiederholungen je nach Situation.

Zeitungsturnen

Material:

- pro Kind 1 Zeitung im Raum verteilen
- Perlen, Knöpfe oder Sandsäckchen unter den Zeitungen verstecken
- Papierkörbe o.ä.
- Musik

1. Gespräch (kurz!)

Eigenschaften der Zeitung:

- besteht aus Papier,
- ist leicht,
- sie raschelt,
- sie kann schweben,
- führt nicht zu Verletzungen...

Man kann sie reißen, knüllen, falten, mit ihr etwas zudecken...

2. Schatzsuche

Kinder suchen barfuß mit den Füßen unter den Zeitungen nach Schätze. Sie transportieren diese mit den Füßen in bereitgestellte Körbe oder andere Behälter.
Dies kann auch als Mannschaftsspiel durchgeführt werden.

3. Perückentanz

Die Kinder legen eine Zeitung auf den Kopf und bewegen sich nach Musik im Raum:

- vorwärts,
- rückwärts,
- seitwärts,
- Polka tanzen,
- laufen,
- hüpfen...

Auf akustisches Signal setzen sich die Kinder schnell. Wenn die Zeitungen durcheinander fliegen, kommt riesiger Spaß auf.

4. Autorennen

Die Kinder legen mit den Füßen die Zeitung 3x zusammen, bis sie sich in ein Lenkrad verwandelt hat. Dann kann die Fahrt losgehen:

- langsam fahren,
- schnell fahren,
- bergauf fahren,
- Kurven fahren.
- rückwärts fahren,
- auf der Autobahn fahren,
- überholen,
- bremsen,
- tanken...

5. Verkehrsrowdies

Die Zeitungen werden hintereinander in 2 Reihen aufgelegt. Der Polizist (Fänger) – evtl. mit Zeitungshut gekennzeichnet –

darf nur um die Zeitungen herum laufen.
Die Verkehrsrowdies (restlichen Kinder) dürfen zum Fahrbahnwechsel die Fahrbahnbegrenzungen (Zeitungsreihen) überspringen.
Diese „Falschfahrer" muss der Polizist fangen.
Wer übrig ist, kann der neue Polizist sein.

6. Schlafmütze

Jeweils 2 Kinder werden in Rückenlage von den anderen Kindern mit Zeitungen bedeckt.
Sind Beide zugedeckt, zählen die übrigen Kinder bis 10.
Bei „10" müssen die Schlafmützen aufspringen und jeweils eine neue Schlafmütze fangen.

7. Schneeballschlacht

Die Zeitungen werden zu Bälle geknüllt, damit dürfen sich die Kinder bewerfen.

8. Abschluss

Entweder können sich die Kinder nach Anleitung einen Zeitungshut falten oder sie dürfen mit den Füßen viele Schnipsel reißen, sich auf den Bauch legen und sie wegpusten (es schneit).

Bänderrhythmik

Material:

- pro Teilnehmer 1 Gymnastikband, die im Raum verteilt liegen
- evtl. Rahmentrommel oder Stöcke, Pfeife etc.

1. Was das Band kann

Laufen um ausgelegte Bänder (nicht berühren), auf ein akustisches Signal sucht sich jeder ein Band:

1. Wind erzeugen
2. einen Kreis schwingen
3. durch die gegrätschten Beine schwingen
4. über dem Kopf Zick-Zack

5. als Peitsche verwenden, versuchen zu knallen
6. eine „Acht" schwingen

Zwischen den einzelnen Vorschlägen immer wieder im Raum bewegen und die Fortbewegungsarten ändern (Wechsel-, Seitgalopp, Storchen-, Zehen-, Fersen-, Vierfüßlergang...)

2. Luftspiele

Freies Bewegen im Raum mit schwingendem Band (über dem Kopf, an der Seite, vor dem Körper, auf dem Kopf), dabei

1. andere mit dem Band auf dem Kopf berühren
2. über die Schulter streifen
3. Band hochwerfen unf fangen (mit einer Hand, mit dem Kopf)
4. Band hochwerfen und fallen lassen
5. Band mit dem Fuß schieben

3. Bänderklau

Zwei Teilnehmer haben unter jeweils einem Fuß ein Band, das nur mit den Füßen bewegt werden soll.
Alle anderen versuchen, mit den Füßen das Band zu stibitzen, um es selbst zu transportieren.
Wahlweise können aus anderen Bändern Tore gelegt werden, die das Ziel sind.

4. Paarübungen

Zugewandt mit beiden Händen beide Bänder auf Spannung fassen und seitwärts gehen.
Kann geändert werden wie (den Rücken zugewandt, den Partner führen, Seitgalopp...)

1. Bänder seitlich über den Kopf heben (10x)
2. „Holz sägen" im Wechsel (10-20x)
3. darüber steigen ohne loszulassen (10x)
4. „Holz sägen" mit beiden Armen gleichzeitig (10-20x)
5. über den Kopf heben und bei der Abwärtsbewegung mit in die Hocke gehen

5. Figurenlegen

Jeder legt nach Vorschlag die genannte Figur und balanciert anschließend darauf.

1. Ball
2. Schlange
3. Mond
4. Herz
5. Brezel
6. **gemeinsam:** Sonne

6. Domino

Jeder hat sein Band, der erste beginnt und legt sein Band auf den Boden und setzt sich darauf, der nächste legt sein Band an, dann kommt der nächste usw.
Es können Bodenunebenheiten einbezogen werden.

Wenn alle Bänder liegen, kann entlangbalanciert werden

oder/und es darf alles durcheinandergewirbelt werden („Die Bänder in der Luft nun sind, denn es kommt ein starker Wind!")

7. Schwänzchenhaschen

Sind alle Bänder wieder aufgeräumt, wird noch ein Teilnehmer ausgewählt, der sich ein Band hinten in den Hosen- oder Rockgummi sichtbar einklemmt (das Schwänzchen) und etwas entfernt von den anderen wartet.

Auf akustisches Signal müssen alle versuchen, das Schwänzchen zu erhaschen und es sich selbst in den Hosengummi zustecken, wobei die Jagd nach dem Schwänzchen natürlich weitergeht.

Wahlweise können auch mehrere Schwänzchen ins Spiel gebracht werden.

Feuerwehrturnstunde

Material:

- 2-3 Laken
- 1 Bank
- Reifen
- 2 Matten
- 1 Kasten oder ähnliches zum Klettern
- 1 Tunnel
- 1 Rahmentrommel
- je Kind: Jacke, Schuhe, Mütze

1. Feuer-Wasser-Blitz

Die Kinder laufen nach dem Tempo der Rahmentrommel im Kreis.

Auf das Signal:

Feuer laufen die Kinder so schnell wie möglich ins Wasser (Matten),

Wasser klettern die Kinder auf Erhöhungen (Kasten, Bank),

Blitz kauern sich die Kinder ganz klein auf den Boden zusammen.

Dieses Spiel kann auch als Wettspiel gestaltet werden.

2. Schnell ins Feuerwehrauto

Seitenwechselspiel mit 2 Mannschaften, damit die Feuwehrmänner fitt bleiben in verschiedenen Fortbewegungsarten (rennen, kriechen, hüpfen, Vierfüßlergang,

Schubkarre...)

Der Spielleiter ist der Hauptmann und löst mit dem Ruf „Alarm" den Seitenwechsel aus. (vorher die Fortbewegungsart festlegen)

Sieger ist die Mannschaft, die zuerst im Auto (Matte) sitzt.

3. Feueralarm

In den im Raum verteilten Reifen befinden sich die Kleidungsstücke der Kinder (Straßenschuhe, Jacke, evtl. Mütze).

Die Feuerwehrmänner gehen (laufen, „schlafen" am Boden). Ruft der Spielleiter „Alarm", müssen sich die Kinder schnell anziehen und ins Feuerwehrauto springen.

4. Hindernislauf (siehe Skizze)

Kreisbetrieb

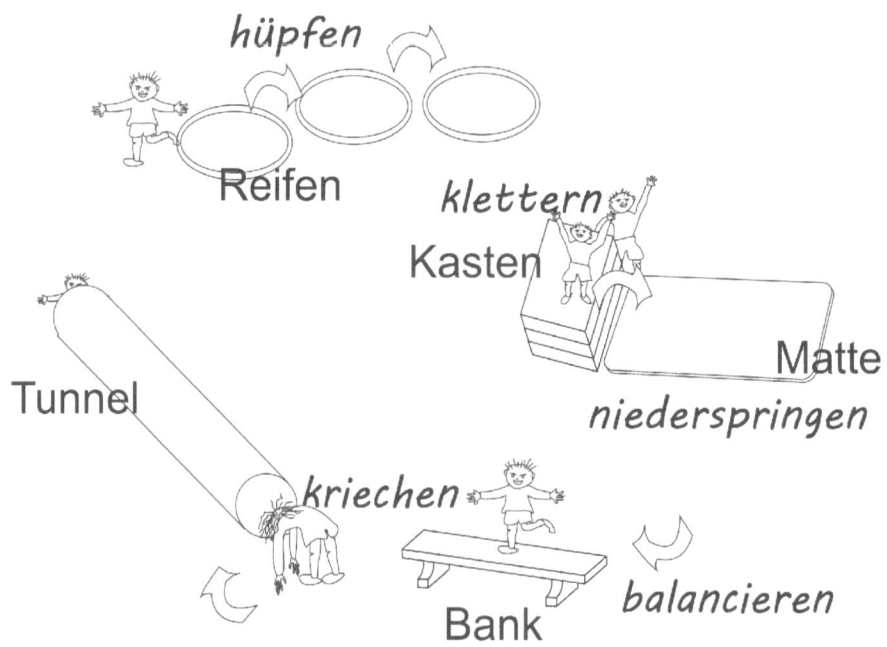

Die Feuerwehrmänner müssen sehr sportlich sein, da es bei einem Brand sehr schnell gehen muss. Dabei kann es passieren, dass Hindernisse überwunden werden müssen.
Welche? (Leitern, Steine, enge Durchlässe, dünnes Brett, große Höhen, Wasser...)

5. Brand löschen (mit Laken)

Die Kinder bewegen sich im Raum, wenn der Spielleiter ruft: „Es brennt der Kasten (die Bank, der Tunnel, die Matten, die Reifen...)", müssen die Feuerwehrmänner mit den Laken den Brand löschen.

6. Wasser Marsch

Ein Kind ist der Feuerwehrmann, die restlichen Kinder sind zur Abwechslung mal das Feuer und befinden sich in den Reifen oder auf der Bank oder:
Ruft der Feuerwehrmann „Wasser Marsch in 5 (6, 10, 25... Sekunden)
zählen alle Kinder bis zu genannten Zahl, dann darf sich das Feuer rasend schnell verbreiten.

Wer in dieser Zeit vom Feuerwehrmann berührt wird, ist „erloschen"
(scheidet aus oder wird auch zum Feuerwehrmann).

Hühnerturnstunde

Material:

- Decken, Tücher, Kissen, Zeitungen, Styroporfüllmaterial, Kleidungsstücke oder ähnliches auf einen Haufen schieben und dazwischen Steinchen, Kastanien, Knöpfe oder ähnliches verstecken.
- Decke oder Reifen

Beginn:

Gespräch über Hühner (Hahn, Henne, Küken, Ei, natürliche Feinde, Körperteile, Stimme, Vorkommen, Verwendung)

1. Hühnergymnastik

Der Hahn kräht alle Hühner zur Morgengymnastik zusammen.

- Flügel nach oben, nach unten, nach vorn, nach hinten, im Wechsel (auch Kombinationen wie vorn und oben…)
- in der Hocken hüpfen: nach vorn, nach hinten, nach links, nach rechts
- im Wechsel hinsetzen und in die Hocke gehen
- im Wechsel Beine anheben (in der Hocke)
- flattern
- scharren
- picken
- lockern und alles ausschütteln

2. Hühnerpflicht

Die Hühner sitzen auf der Stange und legen ihr Morgenei. Wenn dies geschehen ist, gackern sie natürlich laut, was wiederum den Bauern in den Stall zum Eiereinsammeln ruft. Wenn der Bauer bei einem Huhn war, flattert dies laut ga-

ckernd erschrocken auf und begibt sich auf den Hühnerhof, um nach Körner zu picken.

3. Hühneralltag

Sind alle Hühner auf dem Hühnerhof, beginnt der Hühneralltag:

- alle picken nach Futter
- alle Hühner „machen ihr Geschäft"
- Federn putzen
- trinken
- ausruhen
- scharren
- der Phantasie sind keine Grenzen gesetzt
- der Hund (Spielleiter) jagt die Hühner, diese rennen flatternd und gackernd in den Stall zurück

4. Wurmsuche

Einige Kinder sind die Würmer, welche sich kriechend am Boden fortbewegen.
Die restlichen Kinder sind Feinschmeckerhühner, die unbedingt einen Wurm fressen wollen.
Die Würmer sind nur unter der Erde (Tuch, Reifen oder Decke) sicher.
Erwischt ein Huhn einen Wurm, darf es sich darauf setzen und vor Freude laut gackern. Natürlich darf ein anderes Huhn ihm diesen Wurm auch nach Hühnerart streitig machen (wegschubsen, Wurm wegziehen – Achtung! Niemandem Schmerzen zufügen!)

Wechsel

5. Hühnerbelohnung

Im „Wühlhaufen" dürfen sich die Hühner mit den Beinen oder mit dem Kopf Leckerbissen suchen und diese dann zu ihrem

Legeplatz transportieren.
Entweder setzen sie sich beschützend darauf oder suchen weitere Leckerbissen.
Es darf immer nur ein Leckerbissen transportiert werden.
Natürlich dürfen sich ganz schlaue Hühner von anderen unbesetzten Legeplätzen die Leckerbissen stibitzen.
Der Sieger hat am meisten gesammelt.

Achtung! Nicht mit dem Schnabel tragen – Verschluckungsgefahr!

6. Vorsicht, der Fuchs!

Auf der einen Seite steht die Henne, auf der gegenüberliegenden Seite watren die Küken.
Der gefräßige Fuchs wartet an der langen linken oder rechten Seite, um sein Abendbrot zu fangen.

Henne: Alle meine Küken kommt nach Haus!
Küken: Wir können nicht!
Henne: Warum denn nicht?

Küken: Weil der Fuchs hinter der Scheune steht!
Henne: Was will er denn?
Küken: Uns fressen.
Henne: Versucht es doch!

Die Küken flattern schnell zur Hennewährend der Fuchs sich schnell ein Küken greift.
Dieses Küken verwandelt sich dann auch in einen Fuchs und unterstützt ihn beim Kükenfang usw.

Der Sieger darf die Rollen neu verteilen.

7. Abschluss

Alle Hühner dürfen noch einmal in den Wühlhaufen, danach geht es auf die Hühnerstange zum Schlafen.

Turnen mit dem Schwungtuch

Material:

- Schwungtuch
- 1-3 Bälle
- evtl. Rahmentrommel oder Musik

Verlauf:

1. Warm up

Laufen um das Schwungtuch, auf akustisches Signal Schwungtuch anfassen:
- a) Wind erzeugen
- b) hoch schwingen, darunter stellen
- c) hoch schwingen, darunter legen,
- d) mit dem Schwungtuch im Kreis gehen:

e) a, b, c, wie oben
f) zusammengehen, wieder nach außen
g) unter dem Schwungtuch zusammen und wieder auseinander gehen

2. Die Bälle tanzen

Ball im Schwungtuch bewegen (im Kreis, über Kreuz), er darf nicht herunter fallen,

Ball springen lassen, nach Belieben noch bis zu 3 Bällen dazu legen

3. Wind erzeugen

- 2 Gruppen bilden
  - Gruppe A sitzt in der Mitte,
  - Gruppe B befindet sich außen am Schwungtuch
- Gruppe B erzeugt mit dem Schwungtuch Wind,
  - geht im Kreis,
  - schwingt es hoch und lässt es auf Gruppe A fallen.

- Gruppenwechsel

4. Plätzetausch

Das Schwungtuch wird hoch geschwungen, der Spielleiter ruft 2 Namen. Die genannten Kinder müssen unter dem Schwungtuch schnell die Plätze tauschen.

5. Rückendeckung

Die Kinder stehen im Kreis und bewegen das Schwungtuch gleichmäßig höher. Auf Signal, gehen sie 2 Schritte vor, ziehen das Tuch hinter den Rücken und setzen sich darauf.
Unter dem Tuch können sie sich anlehnen und hin und her bewegen.

6. Überschirmen

Es werden wieder 2 Gruppen gebildet (vielleicht mit Armbinde kennzeichnen).

Eine Gruppe sind die Fänger, welche mit dem Schwungtuch

die Läufer überschirmen muss.
Die andere Gruppe muss sich retten.
Wer überschirmt wird, muss sich am Tuch als Fänger einreihen.

Zum Schluss werden die Gruppen gewechselt.

Herbstturnen mit Blättern

Material:

- trockenes Herbstlaub
- Musik
- Blätterkrone
- Decken
- 1-2 Plastiksäcke

Verlauf:

1. Der Wind

Die Kinder bilden Paare, von denen ein Partner auf dem Bauch liegt (warme Unterlage) und der andere Partner neben ihm oder auf seinen Beinen sitzt. Die Geschichte 2x erzählen, damit die Partner wechseln können.

2. Geschichte:

Der Wind geht ausssss!	*mit beiden Händen über den Rücken streichen*
Er hält es nicht aus zu Haussss.	*Druck verstärken*
Er muss hinaussss!	*Tempo erhöhen*
Er streicht mal hier, mal da, mal rundherum.	*mit beiden Händen über den Rücken kreisen*
Er rüttelt an den Zweigen.	*mit beiden Händen den Rücken hin und her rütteln*
Er lässt den Drachen steigen.	*mit den Fingern Zickzack ausführen*
Er wirft das Obst vom Baum herunter.	*mit Fäusten leicht klopfen*

Die Welt wird immer bunter.	*mit flachen Händen kreuz und quer wischen*
Die Blätter tanzen im Wind,	*einzelne Hände abstreifen und segeln zu Boden geschwind.*
Sie kommen nun zur Ruh'	*der „Masseur" legt sich daneben und schließen ihre Augen zu.*

3. Blätter verteilen

Nachdem die Blätter zur Ruhe gekommen sind, spüren sie vielleicht, dass noch ein Blatt genau auf ihnen landet. (Blätter auf die Köpfe der Kinder platzieren)
Wer ein Blatt auf sich landen spürt, darf es in die Hand nehmen und sich setzen.

4. Beschreibung

Wie fühlt sich das Blatt an? Form? Farbe? Temperatur? Härte?... (Decken oder Matten entfernen)

5. Blättertanz

Die Blätter werden aus verschiedenen Höhen fallen gelassen oder hoch geworfen und die Bewegungen des Blattes nachgeahmt.

6. Transport

Die Blätter werden auf verschiedene Weise durch den Raum getragen, ohne dass sie zu Boden fallen (auf dem Handrücken, auf dem Kopf, auf dem Fußrücken, auf der Schulter...) oder gepustet (aus der Bauchlage, beim Gehen).

7. Wettpusten

8. Der Baum verliert die Blätter

(kann auch als Mannschaftsspiel durchgeführt werden)

Zwei Kinder legen sich auf den Boden und stellen je einen Baum dar. Darauf werden von den anderen Kindern die Blätter gelegt, welche auf Kommando abgepustet werden. Ist der Baum leer, wird ausgewechselt. (Dafür kann man noch mehr Laub bereit stellen.)

9. Blätterwirbel

So lange Musik ertönt, dürfen die Kinder, welche sich auch in Blätter verwandelt haben, tanzen und dabei das am Boden liegende Laub aufwirbeln.
Verklingt die Musik, fallen alle Blätter auf die Erde.

10. Laubsack

Als Gärtner helfen alle Kinder, die Blätter in den Laubsack zu sammeln, damit sie auf den Kompost gebracht werden können.

11. Abschluss-Spiel: Der Wind und die Herbstblätter

(nach der Melodie: „Ting, tang, Tellerlein...")

„Wind, Wind, fang uns doch!
Wir wollen mit dir fliegen!
Doch damit's noch lust'ger wird,
musst du uns erst kriegen!"

Die Kinder bilden einen Kreis. Ein Kind ist der Wind und steht in der Mitte des Kreises.

Die anderen „fliegen" als Blätter (angefasst) außen herum und singen obiges Lied.

Haben die Blätterkinder das Lied beendet, dürfen sie kreuz und quer davon segeln.

Das Windkind muss ein Blatt fangen und sich mit ihm (angefasst) 2x im Kreis herum"wirbeln". Dadurch verwandelt sich das Blätterkind auch in ein Windkind.

Nun dürfen 2 Windkinder die Blätter fangen usw., bis ein Sieger feststeht, der mit einer Blätterkrone belohnt wird.

Der Nikolaus kommt

Hinweis:

Alle Bewegungen werden pantomimisch dargestellt. Wo die Gesten aus dem Text herausgehen, ist es nicht extra gekennzeichnet.

1. Beginn:

Bald ist der Nikolaustag. Nikolaus soll sich freuen, deshalb putzen wir unsere Wohnung blitzeblank. (*Spielsachen aufräumen, Boden fegen, Staub wischen, Boden wischen*)

Nun müssen wir noch die Schuhe putzen und vor die Tür stellen.
Schauen wir einmal zu Nikolaus! Ist er schon so weit? (*Fernrohr*)

Der Nikolaus hat eine rote Nase (zeigen) und einen weißen Bart (*nachformen*).

Er zieht die Jacke an und setzt seine Mütze auf.

Nun packt er den Sack ein:
- Die Äpfel muss er aus dem Keller holen (*Treppen steigen*).
- Schmecken sie gut? (*kauen, schmatzen, schlucken*)
- Oh ja, die kommen in den Sack. (*Treppen steigen, in den Sack stecken*)
- Das Eichhörnchen sammelt für den Nikolaus die Nüsse ein. (*Vierfüßlergang, Nüsse zum Sack bringen, den der Spielleiter hält*)
- Die Mandarinen sind auch im Keller (*Treppen steigen, wie oben*)
- Was kann man denn noch schenken?
- Uhr (*mit dem Kopf „tick-tack"*)
- Kaugummi (*kauen, schmatzen, Blasen machen, zertreten*)
- Spielzeugauto (*Auto fahren; Kurven, tanken, bremsen...*)
- Traktor (*durchs Zimmer tockern*)
- Rassel (*Arme schütteln – schschsch...*)

Erlebnisturnen

Mal sehen, was noch auf dem Dachboden ist. (*Leiter hochsteigen – zittrig*)

Nikolaus schaut in alle Ecken.

„Huch!", da erschrickt eine Maus und huscht davon.

Nikolaus findet einen Ball. (*rollen, prellen, Fußball, werfen...*)
Nikolaus steigt wieder die Leiter hinab (*einhändig!*), packt den Ball ein und schnürt den Sack zu. (*Es dürfen sich noch weitere Geschenke ausgedacht werden.*)

Diesen trägt er zum Schlitten. Laut pfeift er nach seinen Helfern.

Schon kommen die Rentiere angetrabt. (*Wechselgalopp*)

Sie werden eingespannt.

Nikolaus steigt auf den Schlitten, bimmelt mit dem Glöckchen, zieht sich die Handschuhe über und fährt los. (*Sssss, bergauf und bergab auf dem Po rutschen*)

Auf einmal reißen sich die Rentiere los und laufen weg. Sie sind wahrscheinlich vor irgendetwas erschrocken.

Nun muss der arme Nikolaus den schweren Schlitten selbst ziehen und kommt dabei gehörig ins Schwitzen. (*mit dem Arm über die Stirn wischen*)

Er zieht die Jacke aus, setzt die Mütze ab. Die Handschuhe muss er anbehalten, damit der Strick vom Schlitten nicht in seine Hände schneidet.

Das erste Haus ist endlich in Sicht! (*Seemannsblick, Hände klatschen*)

Nikolaus klopft an die Tür.

Die Kinder warten bereits und singen vor Freude ein Lied.

Darüber freut sich der Nikolaus und er packt seinen Sack aus: (*Geschenke wie oben beim Einpacken beschrieben*)

Nun kann Nikolaus mit seinem Schlitten weiterziehen, diesmal schiebt er ihn jedoch.
Er besucht alle Kinder und wird immer müder und müder.

(langsamer, gähnen, Augen reiben)

Endlich ist er wieder zu Hause!
Er zieht sich aus und legt sich in sein kuscheliges Bett.
Hört ihr ihn schnarchen?!

3. Kurzes Gespräch:

Was war im Sack? (Bewegungen zeigen lassen)
Warum musste er den Schlitten selbst ziehen?
Beschreibt den Nikolaus!
Usw. Zum Abschluss wird noch einmal gemeinsam das Lied gesungen.

Kissenturnstunde

Material:

- Jedes Kind darf sein Kissen mitbringen.
- Musik

1. Mein Kissen

Kinder sitzen im Kreis am Boden.

<u>Vorstellen unserer Kissen:</u>
- Farbe, Form, Material
- Wo liegt es zu Hause?
- Wem gehört es?
- Hat es vielleicht einen Namen?

Freies Spielen mit dem Kissen:
Zur Musik werfen und fangen die Kinder ihr Kissen, sie werfen mit dem Kissen ab oder gegen die Wände, spielen damit Fußball usw.

2. Mauereinrennen

Mit den Kissen wird eine (oder mehrere) Mauer(n) errichtet.
Die Kinder bewegen sich zur Musik.
Verstummt die Musik, wird die Mauer „eingerannt". (Kann öfter wiederholt werden.)

3. Sumpf

Die Kissen liegen im Raum verteilt.
Zur Musik hüpfen die Kinder darüber laufen darum, kriechen oder bewegen sich im Storchengang um die Kissen. Dabei müssen sie darauf achten, kein „Sumpfgebiet" (Kissen) zu ber-

rühren, denn sonst sind sie „versunken" und scheiden aus (setzen sich auf ein Kissen und dürfen dabei versuchen, die anderen Kinder „hinenzuziehen").

4. Froschwanderung

Diesmal sind die Kissen Seerosenblätter im Sumpf.
Die Kinder hüpfen wie Frösche zur Musik um die Seerosen.
Verstummt die Musik, sucht sich jeder Frosch eine Seerose.
Es können so nach und nach Kissen entfernt werden. Dann scheidet der Frosch, der kein Kissen findet, aus.

5. Im Land der Vielfraße

Jedes Kind stopft sich sein Kissen unter sein Shirt.
Zur Musik tanzen und tollen (hüpfen, robben...)sie und rempeln sich gegenseitig an.

6. Kissenkreisel

Die Kinder sitzen im Kreis.
Zur Musik wird ein Kissen herumgereicht.
Verstummt die Musik darf derjenige, bei dem sich das Kissen in diesem Moment befindet, mit Kissen unter Lachen beworfen werden.
Man kann noch ein zusätzliches Kissen in den Kreis geben, das in die andere Richtung gereicht wird (oder anders variieren).

7. Kamele

Partnersuche
Ein Kind ist das Kamel, das andere der Kameltreiber.
Die Kameltreiber beladen hinter einer Startlinie ihre Kamele (Vierfüßlergang) mit zwei Kissen.
Auf Kommando werden die Kamele auf die andere Seite des Raumes getrieben, mal durch den Sandsturm (auf dem Bauch mit geschlossenen Augen), mal über eine Düne (Beine heben)...
Kein Kissen darf verloren werden!
Wer ist als Erster im Ziel?!
Rollentausch

8. Verstecken

Ein Kind geht aus dem Raum, die anderen wählen ein Kind aus, was sich unter dem Kissenberg verstecken soll.
Ist dieses Kind gut verdeckt, darf das erste Kind wieder hereinkommen und muss erraten, wer unter dem Kissenberg steckt.
Fragen sind erlaubt wie:
    Wie lachst du?
    Wie weinst du?
    Wie schreist du? o.ä.

9. Fratzen

Die Kinder verstecken ihr Gesicht hinter dem Kissen.
Auf das Kommando „1-2-3!" zeigt jeder sein
- lustigstes,
- traurigstes,
- wütendstes,
- nachdenklichstes,
- hungrigstes,
- müdestes etc. Gesicht.

10. Kissenschlacht

Bitte belehren Sie die Kinder, dass niemand verletzt wird!

Körpererfahrung - Winterspaziergang

Material:

- so viel Reifen wie Kinder (alternativ seile oder Kreide)
- Musik
- Softbälle
- Stab
- gelbes Tuch

1. Schlittern

Die Kinder schlittern (ohne Schuhe) nach der Musik durch den Raum. (Füße behalten Bodenkontakt!)

Die Erzieherin gibt Anleitungen zum Bewegungswechsel:

- linker, rechter Arm hoch,
- auf Zehenspitzen,
- auf den Fersen,
- drehen,
- „Flugzeug", (Nach jedem Abstoßen die Knie weit hoch heben)

Verklingt die Musik, müssen sich die Kinder einen festen Stand suchen.
Die Erzieherin versucht, die Kinder „umzuschubsen" (kann mehrmals durchgeführt werden).

Bei der nächsten Variante dürfen sich die Kinder leicht umfallen lassen und schließen die Augen.

2. Berührungen

Liegen alle Kinder, berührt die Erzieherin sie an verschiedenen Stellen in unterschiedlicher Art. Die Kinder müssen sich die Berührungen ganz genau merken.

z.B.:

- in den Po vorsichtig kneifen,
- das Gesicht streicheln,
- den Bauch kitzeln,
- den Arm kneten,
- auf die Wange pieksen (Der Phantasie bleibt alles offen.)

Danach beschreiben die Kinder, wie und wo sie berührt wurden. (Körperteile benennen)

3. 1-2-3-schnapp! (Spiel)

Ein Kind (anfangs die Erzieherin) ist der Winter, der die Füße (dann auch Hände) der im Kreis sitzenden (oder liegenden) Kinder zu Eis verwandeln will. Dazu ruft er: „1-2-3-schnapp!", und versucht, nach den Händen oder Füßen, die in die Kreismitte zeigen, zu schnappen.

Die anderen Kinder bringen diese Körperteile schnell in Sicherheit.
Derjenige, dem die Hände oder Füße „vereist" wurden, ist der neue Winter.

4. Wir fahren Schlitten

Die Kinder bewegen sich im Raum, nach dem Verklingen der Musik sucht sich jeder einen Schlitten (Reifen).

Dort werden zu verschiedenen Durchgängen bestimmte Sitzmöglichkeiten ausprobiert:

- Strecksitz,
- Hocke,
- Schneidersitz,
- Fersensitz,
- Sitzen mit angezogenen Beinen...

Zum Schluss dürfen alle Kinder mit einem „Bauchklatscher" auf dem Schlitten landen.

5. Schneekönig (Spiel)

Der ausgewählte Schneekönig friert durch Berührung mit sei-

nem Zauberstab die Kinder zu Eiszapfen. Diese müssen dann an Ort und Stelle verharren und auf die Sonne warten.

Die ausgewählte Sonne taut mit ihren Strahlen (gelbes Tuch) die Eiszapfen wieder auf.

Wieder aufgetaut dürfen sie den Schneekönig erneut necken. (Kann nach Belieben gewechselt oder beendet werden.)

6. Körpersprache

Wieder aufgetaut müssen wir erst einmal unsere Glieder bewegen und spüren. Mittels Gestik:

- groß „machen",
- klein „machen",
- eng...,
- breit...,
- schwer...,
- leicht...,
- tanzen,

- hüpfen,
- traurig sein,
- freudig sein,
- hungrig sein,
- satt sein,
- trinken wollen,
- jemanden zu sich her bitten,
- jemanden weg schicken,
- danken...

7. Schneeballschlacht

Nachdem wir wieder beweglich sind, steht einer Schneeballschlacht nicht im Weg.
Wir bewerfen uns gegenseitig (mit Softbällen oder zerknüllte Zeitung).

Dies kann auch als Wettspiel durchgeführt werden, indem 2 Kinder die restlichen abwerfen.

8. Verschiedene Fortbewegungsarten

Jedes Kind sitzt in seinem „Schlitten".

Ein Kind beginnt. Es muss sich eine Fortbewegungsart ausdenken und so zu dem nächsten Kind „gehen" und sich in dessen Schlitten setzen.

Zu dieser Fortbewegung klatschen die anderen Kinder den Rhythmus.

Das nächste Kind bewegt sich wiederum zu einem anderen Kind, mit einer neuen Fortbewegungsart. Usw.

Beispiele: Wechselgalopp, Seitgalopp, auf der Seite rollen, stampfen, Stützsprünge…

9. Schlittenwettfahrt (Mannschaftsspiel)

Zwei Mannschaften stehen nebeneinander in jeweils einer Reihe. Jede Mannschaft besitzt einen Schlitten (Reifen)

Mit zwei anderen „Schlitten" werden in einiger Entfernung die Markierungen aufgelegt.

Von jeder Mannschaft steht ein Kind im „Schlitten", das nächste „zieht".

Auf Kommando versuchen beide Paare schnellstmöglich um die Markierung zu kommen, danach zurück zu dem nächsten Paar der eigenen Mannschaft.

Nach einem schnellen Wechsel muss dieselbe Aufgabe gelöst werden.

Sieger ist die Mannschaft, welche als erste mit allen Paaren ihre Aufgabe gelöst hat.

Pinguinen-Turnstunde

Material:

- 2 Matten oder Decken in der Mitte des Raumes zusammengeschoben
- für jedes Kind einen Reifen um die Matten legen
- Bälle
- 3 Pudelmützen oder Schals
- Rahmentrommel oder Musikkassette

1. Einleitung:

Kinder sitzen am Rand des Turnraumes
Gespräch: Wiederholung – Winter (evtl. Bilderbuch)
Es gibt ein Land, dort ist immer Winter.

Wer kennt das Land, wo immer Schnee liegt?
Welche Tiere leben dort?

Pinguinstellung üben: gerader Stand, Fersen aneinander, Fußspitzen auseinander, Bauch und Brust herausdrücken, Arme gestreckt, seitlich abgehoben, Handflächen zeigen nach unten

Wo sind die Pinguinkinder, wenn die Eltern auf Fischfang sind? (Pinguinkindergarten)

2. Zauberspruch:

Hokus, pokus, Balduin – heut seid ihr ein Pinguin!

3. Verlauf:

1. Alle Kinder verwandeln sich in einen Pinguin (Pinguinstellung)

2. Alle Pingiune versammeln sich im Pinguinenmarsch

Erlebnisturnen

(Reihe) und gehen gemeinsam in den Pinguinkindergarten. (Kinder watscheln um die Reifen herum bis zu den Matten)

3. Dort werden die Kinder von der Erzieherin mit einer Verbeugung begrüßt.

4. Eisschollenspringen

1. Schlusssprünge von Reifen zu Reifen, auf akustisches Signal können die Pinguine baden gehen (außerhalb der Reifen, am Boden)
2. Wenn sie unterwegs einem anderen Pinguin begegnen, düfen sie tanzen (ein Pinguin hat die Arme über Kreuz, Handfassung, hüpfend drehen)
3. Auf akustisches Signal: Wiederholung des Eisschollenspringens
5. Endlich sind die Pinguine müde geworden. Sie suchen sich einen Freund und gehen mit ihm in den Kindergarten auf die Rieseneisscholle. Sie ruhen sich aus.
6. Langsam werden die Pinguine wieder munter und müssen sich gegenseitig beim Aufstehen helfen:

5. Rückenarbeit:

Pingiune sitzen Rücken an Rücken, haken die Arme ineinander und drücken sich gegenseitig hoch
(auf Wunsch mehrere Versuche)

6. Flügeldrücken

Das macht Spaß! Die Pinguine sind richtig übermütig geworden und wollen sich gegenseitig ins Eismeer schieben.

Die Pinguine versuchen, sich gegenseitig nur mit den „Flügeln" von der Rieseneisscholle zu schieben.

Wer ins Eismeer fällt, muss sich auf eine Scholle (Reifen) retten (es dürfen auch 2 Pinguine gegen einen „kämpfen"). Ein Pinguin ist Sieger. Dieser darf mit dem neuen Spiel beginnen.

7. Wechselt die Scholle (ein Reifen weniger als Kinder)

Ein Pinguin steht auf der Rieseneisscholle und ruft: „Wechselt die Scholle!"

Daraufhin „schwimmen" die Pinguine im Meer.

Ruft der Pinguin: „Jetzt!", sucht jeder Pinguin eine Scholle. (pro Scholle ist nur ein Pinguin erlaubt).

Wer übrig bleibt, darf neu rufen.

8. Eisbär und Pinguinenmarsch

Drei schrecklich hungrige Eisbären haben sich bei der Suche nach Futter ins Pinguinenland verirrt. (3 Kinder werden als Eisbären mit Mütze oder Schal gekennzeichnet, ein Reifen weniger als Pinguine)

Da die Bären keine Fische finden, machen sie Jagd auf kleine, langsame Pinguine. Diese können sich nur auf einer Scholle retten. Auf jeder Scholle hat aber nur ein Pinguin Platz. Hüpft ein neuer Pinguin auf eine bereits besetzte Scholle, muss der alte Pinguin diese verlassen.

Die Eisbären versuchen, die frei laufenden und schutzlosen Pinguine zu fangen.

Gelingt es einem Bären, werden die Rollen getauscht.

9. Fischefang

Es werden 2 Pinguingruppen gebildet. Ins Meer kommen viele Fische (Bälle).

Auf akustisches Signal müssen die Pinguine so viel Fische wie möglich fangen. (Sie dürfen die Fische auch von der gegnerischen Eisscholle holen.)

Auf ein weiteres Signal muss jeder Pinguin auf seine Eisscholle zu seinen Freunden zurück.

Dann werden die Fische gezählt. Sieger ist die Gruppe, welche die meisten Fische hat.

10. Abschied

Die Pinguine verabschieden sich mit dem Pinguinengruß und gehen wieder nach Hause.

Schweineturnstunde

Material:

- für jedes Kind einen kleinen Ball (Watte, Taschentuch)
- Tau (Bettlaken oder Kreide)
- Musikkassette
- Glocke
-

1. Verlauf:

1. Alle Schweine schlafen im Raum verteilt.
2. Glocke läutet: Schweine erwachen, recken und strecken sich.
3. Jedes Schwein sucht sich einen Freund, und sie klopfen sich gegenseitig vorsichtig wach.
4. Die Schweine frühstücken aus einem „Trog" mit lautem Schmatzen.
5. Morgenwäsche ist angesagt! Im Schlamm wälzen. In der Sonne trocknen.
6. Musik: Alle Schweine bewegen sich durch den Raum

und reiben den Po aneinander. Bei „Stopp" müssen sie in dieser Position stehen bleiben.

2. Wer ist der beste Schnüffler?

Mit der „Schnauze" das Futter (kleiner Ball oder Watte) von einer Seite des Zimmers auf die andere Seite bewegen, auch als Mannschaftsspiel.

3. Wer ist das stätkste Schwein?

Mit dem Tau wird ein Kreis gelegt, der den Stall symbolisiert. Die Schweine versuchen nun, sich gegenseitig aus dem Stall zu schieben (auf allen Vieren, Rücken an Rücken...), auch als Zweikampf.

4. Verirrtes Schwein

Die Schweine bilden im Stall eine „Schlange". Das erste

Schwein läuft los, das letzte bleibt stehen. Dabei wird das letzte Schwein „eingewickelt" und muss zum Schluss versuchen, heraus zu kriechen. Es wird dann das erste Schwein.

5. Die Schweine sind los!

Der Bauer muss alle Schweine einfangen und in den Stall bringen.

Variante: 2 Schweinemütter (Säue) sind evtl. mit einer Armbinde gekennzeichnet und müssen ihre Ferkel in jeweils 1 Stall einfangen. Sieger ist die „Sau", die die meisten Ferkel im Stall hat.

6. Abschluss: Schnell in den Stall!

Die Schweine bewegen sich zur Musik im Raum. Bei „Stopp" versucht jedes Schwein, in den Stall zu kommen.
Der Letzte scheidet aus und darf den nächsten Stopp bestimmen.

Andrea Gutwein:
Mitmachgeschichten
ISBN 9 783833 497346
Preis: 14,80 Euro

kigatreff-Mitmachgeschichten sollen vor allem Spaß machen, Kindern und Erwachsenen. Dabei stehen die vielen pädagogischen Aspekte wie z.B. Konzentrationsfähigkeit, Bewegungskoordination und Gruppendynamik absichtlich im Vordergrund. Denn mit Spaß und Aktivität lernt man am besten! Die Geschichten wurden im Kindergarten erprobt und verbessert.